FÉ E **VIDA**

FRANCISCO CÂNDIDO XAVIER

FÉ E VIDA

ESPÍRITOS DIVERSOS

Copyright © 2014 by
FEDERAÇÃO ESPÍRITA BRASILEIRA – FEB

Direitos licenciados pelo Centro Espírita União à
Federação Espírita Brasileira
CENTRO ESPÍRITA UNIÃO – CEU
Rua dos Democratas, 527 – Jabaquara
CEP 04305-000 – São Paulo (SP) – Brasil

1ª edição – Impressão pequenas tiragens – 5/2024

ISBN 978-85-7328-836-0

Todos os direitos reservados. Nenhuma parte desta publicação pode ser reproduzida, armazenada ou transmitida, total ou parcialmente, por quaisquer métodos ou processos, sem autorização do detentor do *copyright*.

FEDERAÇÃO ESPÍRITA BRASILEIRA – FEB
SGAN 603 – Conjunto F – Avenida L2 Norte
70830-106 – Brasília (DF) – Brasil
www.febeditora.com.br
editorial@febnet.org.br
+55 61 2101 6161

Pedidos de livros à FEB
Comercial
Tel.: (61) 2101 6161 – comercial@febnet.org.br

Adquirindo esta obra, você está colaborando com as ações de assistência e promoção social da FEB e com o Movimento Espírita na divulgação do Evangelho de Jesus à luz do Espiritismo.

Dados Internacionais de Catalogação na Publicação (CIP)
(Federação Espírita Brasileira – Biblioteca de Obras Raras)

X3f   Xavier, Francisco Cândido, 1910-2002

Fé e vida / Espíritos diversos; [psicografado por] Francisco Cândido Xavier. – 1. ed. – Impressão pequenas tiragens – Brasília: FEB; São Paulo: CEU, 2024.

128 p.; 21 cm

ISBN 978-85-7328-836-0

1. Espiritismo. 2. Obras psicografadas. I. Federação Espírita Brasileira. II. Título.

CDD 133.93
CDU 133.7
CDE 80.03.00

SUMÁRIO

1 FÉ E VIDA 8
EMMANUEL

2 CONSTRUÇÃO DO AMOR 10
MARIA DOLORES

3 ESCOLHIDOS 14
EMMANUEL

4 O PROBLEMA DA PAZ 16
EMMANUEL

5 MENSAGEM DE EMMANUEL 22
EMMANUEL

6 NA CONSTRUÇÃO ESPIRITUAL 28
EMMANUEL

7 ORAÇÃO DAS CRIANÇAS 32
CASIMIRO CUNHA

8 O ESPIRITISMO CRISTÃO É UMA LÂMPADA ACESA DENTRO DA IMENSA NOITE DA VIDA 34
JÉSUS GONÇALVES

9 TROVAS DE AMIGOS 38
ESPÍRITOS DIVERSOS

10 AS PROVAÇÕES COLETIVAS 42
EMMANUEL

11 TROVAS DEPOIS DA MORTE 46
ESPÍRITOS DIVERSOS

12 A NOBRE DIANA 50
IRMÃO X

13 HISTÓRIA DE UM CORAÇÃO MATERNAL .. 58
MARIA DOLORES

14 O HOMEM E O EVANGELHO 62
EMMANUEL

15 LEMBRANDO EURÍPEDES 66
CASIMIRO CUNHA

16 ABRIGO 70
EMMANUEL

17 VISITA FRATERNA 72
MARIA DOLORES

18 COMEÇOS 76
EMMANUEL

19 RAZÕES PARA OS SERVIÇOS
DA DESOBSESSÃO 78
EMMANUEL

20 TELA DO MUNDO 82
MARIA DOLORES

21 MENSAGEM DE EMMANUEL
DIRIGIDA AOS AMIGOS DO CENTRO
ESPÍRITA LUIZ GONZAGA 86
EMMANUEL

22 PALAVRA E VIDA 92
MARIA DOLORES

23 ANTE OS LIDADORES DAS LETRAS 96
EMMANUEL

24 CANTO DAS AVES NOS CÉUS DE
ELLON COLLEGE 100
CASIMIRO CUNHA

25 ENTRE AMIGOS 102
EMMANUEL

26 PERSEVERANÇA E AMOR 104
MARIA DOLORES

27 CONVIDADOS DIFÍCEIS 108
EMMANUEL

28 ORAÇÃO MATINAL 112
JOÃO DE DEUS

29 ASSUNTO DE RENOVAÇÃO 114
EMMANUEL

30 ORAÇÃO EM SACRAMENTO 116
EURÍPEDES BARSANULFO

CAPÍTULO 1

FÉ E VIDA

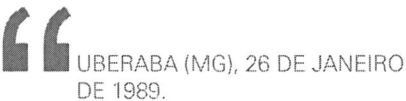

UBERABA (MG), 26 DE JANEIRO DE 1989.

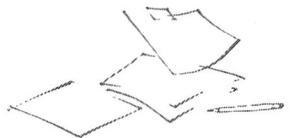

O sol plasmava cintilâncias na grama, quando Frederico e Sinésio, se puseram a comentar certas passagens do Evangelho de Jesus.

Comentou Sinésio:

— O apóstolo Paulo foi claro, ao escrever que o justo se elevará pela fé.

— Tiago, no entanto, — falou Frederico, afirmou na epístola que lhe traz o nome que a fé sem obras é morta em si mesma.

— O desencontro das interpretações prosseguia aceso, quando Frederico colheu pequeno galho de flores de pessegueiro e acrescentou:

— Ao amigo, perguntaria sem afetação: Sinésio, de que árvore são estas flores?

— De pessegueiro, respondeu o amigo.

— Quando o dono do pomar o plantou e por muito tempo cuidou dele, fez isso com que fim?

— Decerto para que a árvore produzisse frutos deliciosos.

— Pois, está aí a lição da natureza — enfatizou o companheiro —, Deus colocou as flores nas árvores a fim de que elas produzam frutos que sustentem a vida. Assim são nossos testemunhos de fé, flores dos nossos ideais. Todas são chamadas a produzir frutos que sustentem as criaturas e as que são arrebatadas pelo homem ou pelo vento se transformam apenas em promessas inúteis. Compreendeu?

Sinésio nada respondeu e passou a pensar.

EMMANUEL

CAPÍTULO 2

CONSTRUÇÃO DO AMOR

> REUNIÃO PÚBLICA DESTINADA A FINS BENEFICENTES. CENTRO ESPÍRITA UNIÃO, BAIRRO DO JABAQUARA, SÃO PAULO (SP), 1º DE OUTUBRO DE 1986.

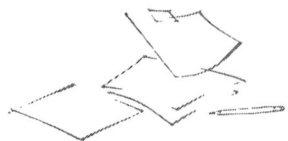

Lamentas, coração, o dever que te prende,
Quase que o dia inteiro,
Como se a vida se te fosse
Doloroso e pesado cativeiro.

Não te queixes... Se tens obrigações
Plenas de encargos extras, ao redor,
Tranquiliza-te e pensa
Que a bondade de Deus nos dá sempre o melhor.

Em toda parte, a Natureza
É um campo de lições sábias e novas,
Edificando exemplos para a vida
E indicando roteiro às nossas provas.

Não fosse o tronco anoso e resistente,
Suportando granizo e tufões escarninhos,
Não surgiriam frondes vigorosas
Acalentando a música dos ninhos.

Não fossem as montanhas empedradas,
Cuja forma quase não se descerra,
O mar invadiria os continentes,
Destruindo as cidades sobre a Terra.

Sem o solo gemendo, ao peso dos tratores,
Sem o arado a rasgar-lhe o coração fecundo,
A Civilização não teria colheitas
Para extinguir a fome que há no mundo.

Se a ama do estábulo, recusasse a estaca
Em que o ordenhador a fere e desafia
Para furtar-lhe o sangue transformado em leite,
Quanta criança morreria!...

Assim, no mundo, coração amigo,
Quem não estende o bem, nem decide a se expor
À renúncia, ao trabalho e ao sacrifício,
Não consegue servir na construção do Amor!...

Maria Dolores

CAPÍTULO 3

ESCOLHIDOS

> GRUPO ESPÍRITA DA PRECE, UBERABA (MG), 6 DE JANEIRO DE 1980.

Todos somos chamados para a construção do bem de todos, segundo as Leis de Deus.

Muito fácil reconhecer os escolhidos.

Os irmãos que recusam trabalhar permanecem chamados.

Compreendendo-se que a Justiça divina ignora privilégios, todos aqueles que se decidem a servir são escolhidos por efeito da própria escolha.

Emmanuel

CAPÍTULO 4

O PROBLEMA
DA PAZ

S.L.,
7 DE AGOSTO DE 1936.

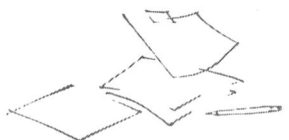

A atualidade do mundo recomenda a vigilância espiritual de quantos se preocupam com os problemas graves da vida.

Época de contradições dolorosas e de magnas questões, de cuja solução depende a estabilidade do surto evolutivo de vossa civilização, é necessário que o homem se revista de serenidade, encarando o complexo de problemas que o assoberbam, em todas as classes e em todas as situações.

Há dezessete anos, o planeta esperava uma paz duradoura com a ratificação do Tratado de Versalhes pelas potências que haviam organizado o delírio universal de ruína e de sangue de 1914.

Não obstante os seus 440 artigos, apesar de sua magnitude e de sua importância, esse tratado, de cuja observância à execução dependia a tranquilidade dos povos, está, atualmente, quase reduzido a frangalhos de papel.

Ainda agora, em 1935, a Alemanha aboliu todas as suas cláusulas militares e, como a Itália expansionista, prepara-se para a reivindicação de suas colônias, à força de armas.

Nunca, como em vossos tempos, as conferências diplomáticas em favor do equilíbrio internacional valeram tão pouco.

O advento do instituto genebrino, com as suas disposições e seus artigos, representa hoje uma história maravilhosa, mas inverossímil dentro da civilização armamentista.

Os últimos anos se incumbiram de fornecer as maiores desilusões aos espíritos nobilíssimos que idealizaram a Liga de Genebra.

Os pactos de Locarno e de Kellog, consequências do antigo documento de Versalhes, que visavam consolidar a concórdia entre os povos, estão, por sua vez, quase nulificados em sua força de ação.

A República Alemã, contrariando todos os seus compromissos anteriores, nada mais tem feito, durante os anos pós-guerra, que expressar a sua desesperação, culminante na ocupação da zona desmilitarizada da Renânia.

A Turquia, sob a direção de Kenal Ataturk e apoiada pela Rússia, ocupou os Dardanellos, falhando aos seus deveres para com o documento de Lausanne.

A França, contrariando as suas obrigações políticas, busca a proteção das repúblicas socialistas soviéticas, em face do perigo germânico.

A Itália coordena batalhões para novas cruzadas, a fim de conquistar de novo o seu império, lembrando as expedições dos antigos imperadores romanos.

As grandes potências não chegam a acordo para a necessária solução das chamadas "questões danubianas", e cada nação volta-se para a intensificação do militarismo, buscando no reforço da guerra uma garantia de paz.

São nesses absurdos paradoxais que se baseiam as vossas conquistas e os vossos progressos, em matéria de Sociologia e de Política.

A Espanha do momento, saturada da suposta moral religiosa e exausta e oprimida, sob as comoções revolucionárias, é bem um exemplo das antinomias sociais de que sois vítimas, em virtude dos vossos próprios erros.

Consideramos inútil toda a tentativa de paz dentro do continente europeu.

A civilização do Ocidente, toda ela edificada à base das armas e da indústria da guerra, terá de se regenerar ao preço de suas próprias experiências.

O futuro vo-lo dirá.

As nações europeias, no limiar das reformas precisas, se debatem entre dois caminhos: Comunismo e Fascismo. Qual das duas correntes sairá vitoriosa da luta?

Não poderemos determinar logicamente o desfecho dos fatos, todavia, as coletividades terão de ficar a salvo de quaisquer extremismos destruidores.

Nem o regionalismo antifraterno, nem certos ideais incendiários serão as leis de ouro do porvir para a direção da vida das massas.

O mundo atual, com os seus quadros desoladores, é um resultado da falsa distribuição econômica no amontoado das leis que regem a existência dos povos.

O problema da paz e da felicidade humana será resolvido à luz da espiritualidade e da direção esclarecida da economia, no seio das classes, equilibrando-as na sua vida comum.

Todos os estatutos políticos da nacionalidade requerem uma reforma no sentido de socialização.

O Socialismo cristão, à base do Evangelho de Jesus, que os grandes pensadores de todos os tempos ainda não conseguiram compreender, será a fórmula governamental do futuro.

Aquelas Lições divinas, de que foi teatro humilde a região do Tiberíades, serão as bases dos códigos do porvir.

Os homens hão de encontrar dentro delas um sentido novo.

Até lá, porém, quantos dramas dolorosos assistiremos no movimento das coletividades humanas?

Ignoramo-los. Mas Deus sabe e isso basta.

Basta para nós o saber que acima de todas as lutas e de todas as dores há de pairar sempre o Sol divino de Sua Providência e de Sua Misericórdia.

EMMANUEL

CAPÍTULO 5

MENSAGEM DE EMMANUEL

> CENTRO ESPÍRITA VENÂNCIO
> CAFÉ, JUIZ DE FORA (MG),
> 10 DE JULHO DE 1947.

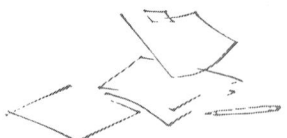

Meus amigos, muita paz.

Todos os comentários alusivos à evangelização constituem escasso material expositivo da verdade, à vista das angustiosas transições que o planeta atravessa.

Realmente, o progresso da inteligência atinge culminâncias. Todavia, o sentimento do mundo permanece enregelado.

Urge dilatarmos os setores do bem vivido e do amor aplicado com o Cristo, a fim de atendermos aos compromissos assumidos em época recente.

O Espiritismo, pois, não consiste num sistema de pura indagação científica para que a Filosofia se enriqueça de novos sofismas. Necessário compreendamos em sua fonte não só o manancial de suprimento às convicções substanciais com relação à sobrevivência.

Nosso intercâmbio pecaria na base se estivéssemos circunscritos ao campo de mera demonstração da realidade espiritual por meio dos jogos do raciocínio. Reduziríamos a Doutrina que nos felicita a simples ministério de informações, sem programas redentores para a vida em si.

É por isto que jamais nos cansaremos no apelo ao nosso entendimento para que a Terceira Revelação represente para nós todos a gloriosa escola de reajustamento mundial no Cristianismo redivivo. Somos nós mesmos os atores do milenário drama evolutivo.

De século a século, revezamo-nos no trabalho retificador, intentando o empreendimento da salvação final. Inventamos mil sistemas científicos, filosóficos e religiosos para definir equações dos enigmas do destino e do ser; e embora nossos conclaves políticos e acadêmicos a se repetirem anualmente através das eras, remetamos sempre a iniciativas nas dolorosas e sangrentas aventuras da guerra.

Dominam-nos ainda, considerando coletivamente o problema, o ódio e o orgulho, a discórdia e a vaidade, com o seu velho cortejo de misérias, que permutam a máscara de civilização em civilização. Em verdade, porém, se temos sido tolerados pela Clemência divina, no curso do tempo, é imperativo reconhecer que as leis universais não foram criadas inutilmente.

Vivemos, em razão disso, torturante período de refazimento e restauração, dentro do qual nossos sentimentos são convocados automaticamente à percepção e aplicação do Cristianismo, nos mais comezinhos atos da experiência humana, obrigação essa que somos compelidos a cumprir, se não quisermos soçobrar nas tragédias coletivas de que o nosso século se represa.

Em outros lugares da Terra, o Espiritismo ainda não conseguiu revelar suas finalidades e objetivos.

A curiosidade que é sempre benéfica quando se alia ao trabalho e ao respeito, mas que é sempre ociosa e perdulária quando não se submete aos impositivos do serviço nobre, converte-nos o movimento renovador em puro domínio da consulta indesejável ao plano invisível, como se trouxéssemos a detestável tarefa de suprir as experiências e lições aos aprendizes. A especulação é a única atividade que aí prevalece, eliminando-nos precioso ensejo de cooperação para o reajustamento que o planeta reclama.

Amarguradas surpresas, contudo, aguardam invariavelmente os companheiros que estimam a contemplação do fenômeno sem adesão ao esforço reconstrutivo.

Nós, entretanto, que tivemos a ventura de ambientar o Evangelho renascente, exumando-o das cinzas a que foi condenado pelo sectarismo, guardamos o júbilo de reviver as manifestações abençoadas do Mestre divino, quando a redenção vinha da humildade de sofredores das catacumbas

Como outrora, o mundo se encontra num dos períodos mais críticos da sua evolução político-religiosa.

Antigamente, o patriciado romano se sentia suficientemente forte para afrontar a tormenta, mas, no fundo, não conseguiu forrar-se às consequências funestas do espírito odioso de dominação indébita.

E hoje, enquanto poderosas nações da Terra presumem exercer funções de hegemonia, eis que a renovação compulsória do mundo exige o devotamento daqueles que se ligam a Deus através do caráter enobrecido pela fé e pela virtude.

Com semelhante enunciação, não desejamos, de modo algum, invadir a seara de vossas ações, no campo evolutivo.

Não fomos, vós e nós outros, convocados à mordomia dos bens que se transferem de mão em mão, no tesouro perecível da Terra.

Recebemos o ministério da luz espiritual e não podemos esquecer que, se milhões de irmãos nossos podem recorrer à palavra "direito" nos círculos do mundo, a nós todos cabe com Jesus o "dever," simplesmente o dever de servir em seu nome sem exigências.

Estejamos, pois, atentos às obrigações que nos foram deferidas. Iniciemos, cada dia, novo trabalho de evangelização em nós mesmos, estendendo esta atividade aos que nos cercam.

A Doutrina abre-nos gloriosas portas de colaboração fraternal. Perdendo na esfera da posse transitória, ganharemos sempre nas possibilidades de conquistar a luz imperecível.

Não duvideis. Movimentos enormes da discórdia humana se processam instante a instante enquanto as armas descansam ensarilhadas.

A guerra, com a sua corte de aflições e de angústias, não cedeu ainda um centímetro de terreno ao edifício da paz verdadeira, porquanto o ódio e a crueldade permanecem instalados no coração humano.

Não esperemos o êxtase da nova Aurora, mantendo-nos no círculo estreito da crença inoperante.

Se o Senhor nos conferiu olhos para o deslumbramento e ouvidos para a harmonia, deu-nos igualmente coração para sentir, mãos para agir, mente para descortinar, obedecer e orientar.

A obra da Criação terrestre foi edificada, mas ainda não terminou.

Milhões de missionários do progresso humano em si laboram ativamente nos campos diversos em que se subdivide a prosperidade do conhecimento.

Nós outros, contudo, fomos conduzidos ao santuário para a preservação da Luz divina.

Mantenhamos, assim, novas lâmpadas acesas e acima da perquirição coloquemos a consciência.

A hora é significativa e impõe tremenda luta. Só os filhos da renúncia poderão atender, tanto quanto é preciso, à expectativa da Esfera superior.

Não convertamos nosso esforço, todavia, em coro de lágrimas.

Entendamos a gravidade do minuto, entretanto, elevemos o coração ao Sol da confiança em Cristo. Sejamos fiéis trabalhadores de sua causa na Terra.

Traços que sois de intercâmbio entre os dois planos, não vos prendais excessivamente ao vale escuro que nos prende os pés.

Fixai a mente nos círculos sublimes onde se localizam as fontes que vos suprem de energia. E, irmanados uns aos outros, no mesmo labor santificante, marchemos para a frente, identificados naquele que ainda e sempre repete para nossos ouvidos frágeis: "Eu sou o caminho, a verdade e a vida. Ninguém vai ao Pai senão por mim".

Emmanuel

CAPÍTULO 6

NA CONSTRUÇÃO ESPIRITUAL

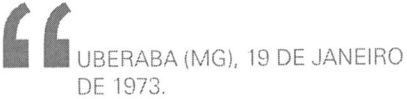
UBERABA (MG), 19 DE JANEIRO DE 1973.

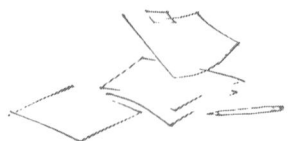

Iniciar as boas obras, arquitetar o mundo melhor, idealizar a paz, começar o trabalho da redenção!...

Todos encontram facilidade para assinar as mais altas promessas nesse sentido, quando a alegria, semelhante à do alvorecer anima o grupo de corações magnetizados de sonho.

Entretanto, após a largada de esperança, principiam os entraves da construção.

Surgem os conflitos de ideia, as exigências de renúncia à personalidade, os obstáculos que se agigantam com o crescimento das tarefas, as tentações ao desânimo e, com isso, verificam-se os adeuses de muitos companheiros que se afastam.

Esse adoeceu, aquele se afirma vencido pelo cansaço, outro se diz onerado de compromissos na equipe doméstica e outro ainda se confessa mergulhado em desalento ou desilusão.

Terão decerto motivo para semelhante comportamento, de vez que ninguém pode exigir de alguém aquilo que esse alguém não consiga efetivamente fazer.

No entanto, se colocaste o coração no serviço a realizar, mantém acesa a chama do próprio ideal e segue adiante.

Os caminhos se alteram para a verdade e muitas vezes se alteram igualmente os viajores por injunções das dificuldades que carregam, mas a verdade é uma luz inalterável e entendendo-se a perenidade do Espírito, nós todos, de um modo ou de outro, volveremos a ela, buscando-a por fonte de nossa própria felicidade.

Ora e abençoa os companheiros que se retiram, contando com eles, hoje ou amanhã, depois de amanhã ou mais tarde de regresso.

Lembremo-nos do Cristo: um dia o Construtor do reino divino para os homens se viu igualmente a sós com os próprios encargos, mas nem por isso deixou de confiar-se a Deus e com Deus voltou Ele da própria morte para continuar em seu divino apostolado com aquelas mesmas criaturas que transitoriamente não lhe haviam aceito as diretrizes; e a sua obra, iluminada de vida imperecível, até hoje persiste no caminho dos séculos, em plenitude de ascensão.

EMMANUEL

CAPÍTULO 7

ORAÇÃO DAS CRIANÇAS

> NA INAUGURAÇÃO DO LAR DE EURÍPEDES, SACRAMENTO (MG), 1º DE NOVEMBRO DE 1959.

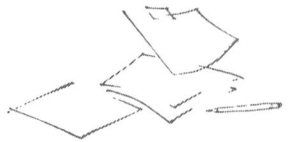

Agradecemos, Jesus,
O amparo do teu afeto,
A luz, a alegria, o teto,
A paz, o conforto e o pão...
E porque nada tenhamos
Para dar-te às mãos divinas,
Em nossas mãos pequeninas
Trazemos-te o coração.

Ensina-nos, Mestre Amado,
A descobrir-te o roteiro
Para buscarmos, primeiro,
Aprender e trabalhar...
Cada dia, cada hora,
Concede-nos, Bom Amigo,
A bênção de estar contigo
Na bênção de nosso Lar.

Casimiro Cunha

CAPÍTULO 8

O ESPIRITISMO CRISTÃO É UMA LÂMPADA ACESA DENTRO DA IMENSA NOITE DA VIDA.

> PEDRO LEOPOLDO (MG), 23 DE AGOSTO DE 1948.

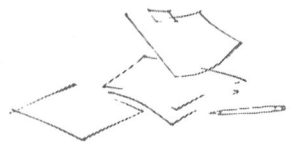

Irmão Flores.

Deus o abençoe pelo serviço aos hansenianos.

Eu também peregrinei no vale das sombras, de corpo chagado e oprimido, a fim de curar as úlceras da alma endividada e endurecida...

Sim, meu amigo, o cântico da gratidão é mais harmonioso nas vozes que, muita vez, se consumiram no desespero e na angústia, como a flor é mais bela e milagrosa na haste castigada de espinhos.

Sou daqueles leprosos[1] do Evangelho que não voltaram ao divino Médico para agradecer, mas que em seguida às dolorosas jornadas na treva, regressa aos discípulos dele, renovado e humilde por beijar-lhes as mãos.

Temos grande serviço a fazer, em favor do ressurgimento da esperança na alma daqueles que se refugiaram na solidão.

Consciências em luta acerba, sob golpes do escopro do sofrimento, as nuvens da aflição no pensamento atormentado transformam-se em portadoras da tempestade das lágrimas asfixiantes.

Seja o Espiritismo Cristão uma lâmpada acesa dentro da imensa noite.

Não basta o pão que mitigue a fome ou o bálsamo que nos suavise as feridas no corpo da Terra. Temos necessidade de carinho, fraternidade, compreensão.

É nessa base de entendimento evangélico que conseguiremos mais eficiente equação ao problema do conforto aos hansenianos, nossos irmãos.

---

1 N.E.: Na época em que esse texto foi escrito, esse termo era comum, mas atualmente é considerado pejorativo e/ou preconceituoso. Hanseníase, morfeia, mal de Hansen ou mal de Lázaro é uma doença infecciosa causada pela bactéria *Mycobacterium leprae* (também conhecida como *bacilo de hansen*) que afeta os nervos e a pele, podendo provocar danos severos.

Por que não sorrir ao semelhante que a provação redentora pune e aprimora?

Por que retirar o gesto amigo ao companheiro relegado quase sempre, ao infortúnio e à desesperação?

Doutrina consoladora e sublime, o Espiritismo vem abrir-nos horizontes novos.

O hanseniano não é um revoltado congênito, nem um celerado que as leis sociais possam condenar ao supremo abandono.

Haja mais amor e a sementeira de fé viva florescerá para os que receberam, com a enfermidade terrível, o banimento do lar e a deserção, muitas vezes, dos corações mais queridos.

Estamos a postos e rogamos geral auxílio.

Não esmolamos dinheiro para os corações infortunados que a dor situou em resvaladouros de infinita amargura.

Pedimos fraternidade, compreensão, esperança e luz.

Unamo-nos, amigos, no serviço de proteção espiritual que aclare a senda dos companheiros que descreram da piedade humana! Afeiçoemo-nos ao Evangelho que nos recomenda o amor sublime uns aos outros.

E agradecendo-lhe, meu amigo, pela tarefa iniciada, a benefício da renovação interior dos filhos da lepra redentora, sob a claridade do Espiritismo Cristão, deixamos a todos os cooperadores do bem o apelo a favor dos que choram na sombra, em nome daquele divino Amigo que se imolou por nós nas chagas da cruz.

Jésus Gonçalves

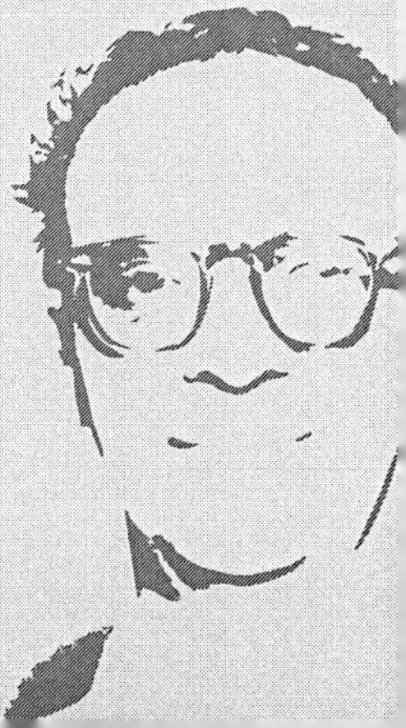

CAPÍTULO 9

TROVAS DE AMIGOS

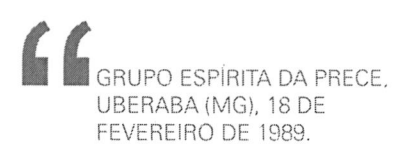

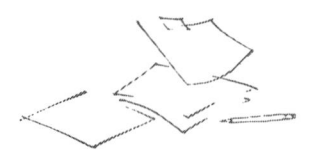

> GRUPO ESPÍRITA DA PRECE, UBERABA (MG), 18 DE FEVEREIRO DE 1989.

Age, crê, serve e confia...
Honrando a fé que professas,
Pessoa que desanima
Parece andar às avessas.

Roberto Corrêa

*

Temos a luta em nós mesmos,
E lutas em derredor...
Há grandes lutas nas ruas,
E em casa a luta é maior.

Sinfrônio Martins

*

Depois da morte é que a gente,
Aos clarões de Novo Dia,
Vemos nós que não se fez
Todo o bem que se podia.

Álvaro Vianna

*

Para o homem triste e aflito,
Na prova da viuvez,
Existe um santo remédio:
É casamento outra vez.

Juvenal Galeno

*

Das três provas que não dou conta
Na febre que me embaraça,
É o frio que me desmonta:
A farra, o jogo e a cachaça.

Lulu Parola

*

Chegar ao portão da morte,
Pensando em ser o fim,[2]
Esquecer nossos costumes
Não é tão fácil assim.

João Moreira da Silva

*

No problema que te afete,
Reflete, mede, vigia,
Nem todo encontro é de amor,
Nem todo apoio auxilia.

Pedro Silva

*

Na vida há trabalho em tudo,
Na Terra, no Céu, no Mar,
Tudo pede amor e luz,
Coitado de quem parar.

Firmino Amaral

---

2 N.E.: Por questão de metrificação, sem alteração semântica, esse verso poderia ser escrito assim: "Pensando em que seja o fim".

*

Quem quer sempre a vida mansa,
Eis o aviso que interessa:
— Para aquele que descansa,
A morte vem mais depressa.

CORNÉLIO PIRES

*

Dos sofrimentos do mundo
Que a vida nos arrecade,
O maior de todos eles
É o suplício da saudade.

MARIANA LUZ

*

Saudade lembra a garoa
Que se espraia pelo chão:
Como a chuva miudinha
Caindo no coração.

AUTA DE SOUZA

CAPÍTULO 10

AS PROVAÇÕES
COLETIVAS

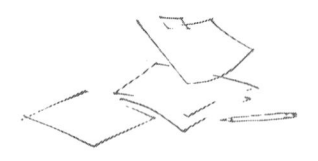

> S.L.,
> EM 14 DE JUNHO DE 1936.

Dentro das atividades da Justiça absoluta que nos rege o destino das criaturas humanas, não somente à individualidade estão afetos os problemas de reparação necessária pelas provas expiatórias. As coletividades, igualmente, são objeto dessas provações redentoras. Daí nascem os quadros dolorosos que a humanidade assiste, por vezes, no seio de determinados povos.

A Espanha atual, arena de luta de elementos inovadores, com as suas profundas antinomias políticas, é bem um exemplo para a minha asserção. É verdade que a península, com esses movimentos revolucionários, representa uma afirmação peremptória de falência do ideal católico-romano para dirigir as atividades dos povos.

Repleta de igrejas, cheia de conventos, povoada de organizações religiosas, a Espanha é a região do planeta onde os dogmas dos bispos romanos encontraram mais guarida e maior amplitude.

Mas as grandes dores que crucificam o coração do povo espanhol têm as suas profundas causas nos crimes da organização inquisitorial, fundada pelo papa Inocêncio IV e que na pátria de Cervantes, como em nenhuma outra, estendeu-se terrivelmente, amargurando almas, destruindo esperanças, aniquilando vidas e matando corações.

A espanha de Filipe II, o infeliz organizador da "armada invencível" que a natureza fez soçobrar nas costas da Inglaterra, tem suas grandes dívidas para com a Justiça incorruptível que legisla do Infinito, acima de todos os partidos exclusivistas das nações do mundo. Aí viveram os maiores Torquemadas do planeta.

Os Arbués[3] aí estiveram, sufocando a liberdade e torturando os espíritos. Ações nefastas foram perpetradas na sombra.

Na soledade dos claustros foram levados a efeito movimentos terríveis, *ad majorem Dei gloriam*.[4]

Os sons de sinos dos mosteiros abafaram muitos soluços e muitas agonias no silêncio pesado das prisões.

Os instrumentos abomináveis da Inquisição, que os vossos museus hoje conservam como objetos curiosos e dignos de estudos, ali foram inventados e multiplicados de maneira assombrosa.

Todavia, Deus está sempre no leme do barco imenso da vida, conforme a assertiva de um de vossos pensadores, e chegou um momento em que a longa série de abusos clericais teve o seu fim.

Contudo, os profundos deslizes das coletividades foram registrados.

Os gemidos de quantos sucumbiram sob os flagícios dos tribunais de Madrid, de Sevilha, de Granada, ficaram vivos no espaço, reclamando justiça e misericórdia. Todos os quadros tenebrosos desse passado execrável são agora revividos. A comoção revolucionária domina a nação inteira. Frades e monjas são fuzilados em massa.

Levadas pelas depredações do extremismo, as duas falanges antagônicas, objetivando a posse do poder, cometem toda a sorte possível de barbaria. Senhoras virtuosas são assassinadas estupidamente. Jovens

---

3 N.E.: Pedro de Arbués (1441–1485) foi um oficial da inquisição espanhola assassinado em 1485, por dois judeus. Fora nomeado inquisidor provincial no reino de Aragão, em 1484, por Torquemada, o grande inquisidor de Castela
4 N.E.: *Ad majorem Dei gloriam*: para maior glória de Deus (*Dicionário Houaiss da Língua Portuguesa*).

e crianças são trucidados pela onda de morticínio e arrasamento.

Os julgamentos sumários dão oportunidade às mais injustas sentenças de morte.

Nas portas das igrejas, penduram-se cadáveres ensanguentados, e nas ruas, às vezes, é necessário o concurso do querosene para consumir os elementos putrefatos de corpos inermes.

Nos desfiladeiros de Madrid, as blasfêmias misturam-se com os prantos das preces sinceras e, diante dessa paisagem de horror, pergunta-se por Deus e por Sua Misericórdia.

Semelhante cena de desolação representa, de fato, uma terrível imagem apocalíptica, assinalando a transformação necessária dos tempos. Todavia, em tudo isso, reina a Justiça, a soberana e incorruptível Justiça.

Deus não é estranho, na Sua infinita Bondade, às desgraças e às expiações que laceram as almas dos homens e dos povos, porém essas amarguras são necessárias para a ablação dos Espíritos, no abençoado batismo do sofrimento e da dor.

Riam os cépticos das grandes verdades, mas a Justiça se processa sem o concurso de nenhum homem.

Guardai-vos do mal para que ele não vos atinja.

Lembrai-vos da boa e da má semente.

No mistério insondável da germinação, elas são origem de milhares de frutos.

Felizes todos aqueles que souberam efetuar a necessária escolha.

EMMANUEL

CAPÍTULO 11

TROVAS DEPOIS
DA MORTE

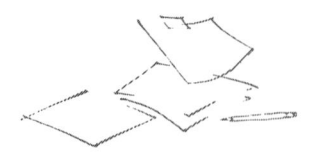

> GRUPO ESPÍRITA DA PRECE, UBERABA (MG), 17 DE MARÇO DE 1989.

O momento de morrer
É uma tela iluminada
Que recorda o alvorecer
Nas horas da madrugada.

                          Lucano Reis

*

O verbo não elucida
Por mais esclareça e exorte:
Toda a morte que há na vida,
Toda a vida que há morte.

                          Boris Freire

*

Quem andou nas próprias dores,
Servindo e amando ao sofrê-las,
Vê na morte a noite calma
Toda esmaltada de estrelas.

                          Leôncio Corrêa

*

Ante a morte, frente a frente,
Senti um conflito assim:
Triste saudade pungente
Numa alegria sem fim...

                          S. Lasneau

*

Cegueira será na Terra
Talvez uma grande cruz,
No entanto, é o caminho certo
Para a vitória na luz.

Aderaldo Ferreira de Araújo

*

Felizmente hoje na Terra
Em plena renovação,
Se há quem morre de amor,
É só na televisão.

Cornélio Pires

*

A quem ama, serve e espera
O corpo é divina grade.
Morte é a chave que se ajusta
À porta da liberdade.

Dalino Florence

*

A morte me lembra agora
Um sábio cirurgião
Que altera tudo por fora
Mas respeita o coração.

Raul Pederneiras

*

Cego no instante do adeus
Exclamei, voltando à luz:
— Louvado sejas, meu Deus!...
— Bendito sejas, Jesus!...

Casimiro Cunha

*

Morte que não se provoca
É sempre bênção de paz,
Se temos remorso e luta,
É a consciência que traz.

Auta de Souza

CAPÍTULO 12

A NOBRE DIANA

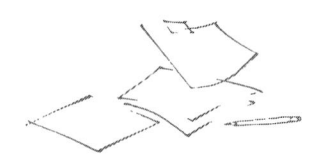

PEDRO LEOPOLDO (MG), S.D.

Poucas vezes tive ao meu lado entidade tão bela.

Tratava-se da nobre Diana que, desde muito, segundo me informaram, dedicara-se ao trabalho de iluminação das almas cegas e infelizes.

Demorava-se longas semanas nos abismos.

Acendia a luz evangélica, através de gemidos e sombras.

Ao contrário de muita gente evoluída, resistia, heroica, ao peso da atmosfera baixa e espessa.

Muitos criminosos insubmissos rendiam-se-lhe à palavra, convincente e fraternal.

Jamais falava como quem repreende condenando, mas como quem esclarece amando, em nome de Deus.

Certo dia, veio ao nosso grupo em missão elevada. Ouvi-a discorrer sobre grandes teses humanas, admirando a sabedoria que lhe palpitava em cada definição.

O que mais impressionava, contudo, naquela vibrante figura feminina, era a luz que a cercava inteiramente.

Parecia viver num ambiente maravilhoso, exclusivamente seu, tão sublime o halo radioso que a circundava, isolando-a das influências exteriores.

Esclareceu-me um amigo que a generosa mensageira tinha direito àquela situação, não só por trabalhar em círculos de criaturas absolutamente inferiores, como também porque vencera, em si mesma, as deficiências mais rudes da condição animal.

Alma sublime, reunia Diana a beleza e a bondade, a ciência e a expressão.

Quando terminou a palestra edificante que a trouxera ao nosso núcleo, aproximei-me curioso e enlevado. Outros companheiros fizeram o mesmo.

A extraordinária posição luminosa daquela mulher arrebatava-nos o espírito. A emissária, todavia, muito simples, parecia desconhecer a própria condição de superioridade. Sorria fraternalmente e comentava os problemas terrestres, como se estivesse envolvida na roupagem carnal.

Soberano entendimento das coisas transparecia de todas as suas expressões.

Emocionado pelo fato de se consagrar tão nobre criatura às almas embrutecidas, perguntei o motivo de sua preferência, enlevado com a sua simplicidade encantadora.

— Sim, meu amigo, respondeu Diana, sem afetação, num impulso de minha própria consciência, ofertei cinquenta anos de trabalho aos nossos irmãos das zonas mais baixas da vida e não me envergonho de dar-lhe a razão de meu gesto.

E, sorridente, perante o interesse geral, continuou; generosa:

— Não sei se conhecem as extremas dificuldades do Espírito para alijar as vestes animalizadas do sentimento.

Sorrimos, de maneira significativa, dando a entender a nossa inferioridade.

— Pois bem, prosseguiu a emissária da sabedoria, confesso que fui uma das piores mulheres que já existiram nos círculos do planeta.

O ciúme, o egoísmo e a vaidade representavam o trio de meus verdugos cruéis.

Voltei à carne, numerosas vezes. Somente para atacar o ciúme grosseiro, recebi a oportunidade de nove existências consecutivas sem resultados práticos.

Para combater o egoísmo e a vaidade, regressei ao corpo físico, vezes incontáveis, faltando em todas as minhas promessas.

Sempre a recapitulação do círculo vicioso.

Envenenava meu esposo pelo ciúme, destruía o lar pelo egoísmo e perdia os meus filhos, em virtude da vaidade.

Amigos desvelados seguiam-me carinhosamente, de esferas mais Altas, estendendo-me os braços fraternais, entretanto, fracassei de modo invariável.

Valia-me da bênção do esquecimento para perpetrar novos erros e espezinhar as sagradas leis.

O tempo, contudo, ia passando implacável e os meus benfeitores se foram distanciando de mim, elevando-se às regiões menos densas.

Despediam-se, afetuosos, estimulando-me ao dever cristão, mas fui ficando mais só no campo de meus problemas complicados.

Por fim, o companheiro de experiências inumeráveis foi chamado à Esfera superior, pelos méritos adquiridos e, dos Espíritos amados que me foram pais e filhos, em várias estações evolutivas, não existia nenhum ao lado de minha pequenês.

Quando me vi absolutamente sozinha, experimentei intraduzível pavor e amargoso desânimo. Abandonei-me à situação menos digna, demorando-me nas esferas inferiores, como trapo inútil, vencida pelo trio nefasto. Muitos anos, partilhei o desencanto da solidão absoluta. Houve um dia, contudo, em que fui visitada por nobre missionária do bem, que me contou, caridosamente, o seu caso. Estivera em minha posição e vencera com o concurso de entidades infelizes.

Depois de aventuras extravagantes, nas quais perdera sempre, voltou a Terra, na qualidade de mãe de filhos monstruosos, e tão intensos lhe foram os serviços amargos que conseguiu dominar o ciúme, o egoísmo e a vaidade, em setenta anos de sacrifício incessante.

Induziu-me a visitar as esferas tenebrosas e rogar a colaboração dos diretores daqueles que experimentam angústias infernais, propondo-me a maternidade dolorosa na Terra.

Aceitei o alvitre jubilosamente. Que eram setenta anos de luta para conseguir uma realização que, por mais de dois milênios, não conseguira efetuar, nem mesmo parcialmente?

A generosa amiga conduziu-me aos círculos de treva e, com horror, surpreendi a existência de infortunados irmãos nossos, em estado de loucura, cegueira e deformação. Agitavam-se num turbilhão de padecimentos indescritíveis.

Acovardei-me ante o quadro triste, mas a bondosa amiga reanimou-me e roguei a bênção...

Quando meu fervor na rogativa se exteriorizou em lágrimas de esperança, fez-se visível um dos vigilantes daquela região tenebrosa e acolheu-me a súplica.

Aceitar-me-ia o compromisso e designou-me quatro criaturas que se poderiam reunir à minha alma, dentro de algum tempo, nos círculos carnais.

Entre o pavor e a ansiedade, regressei ao campo do renascimento terrestre.

Desde cedo, porém, reconheci que as minhas condições na luta eram precárias e dolorosas. Desde a infância, observei que meu corpo estava em forma de acordo com os meus sentimentos íntimos.

A princípio, vigorosa rebeldia dominava-me o coração, mas fui lavando as manchas da revolta com as lágrimas benfazejas e, porque a orfandade me colhera nos primeiros anos, fui obrigada a esposar um homem, terrivelmente deformado, que me deu quatro filhos verdadeiramente monstruosos.

Ao nascer, porém, o último, meu infortunado esposo, companheiro de quedas noutra época, veio a desencarnar, deixando-me a viuvez e a pobreza sem remédio.

Desejei trabalhar no ganha-pão, no entanto, a desventura dos filhos não me permitia.

Um era cego, outro leproso, dois aleijados. Muita vez, a vaidade me inclinou à prostituição, mas o instinto de mãe não me separava dos filhinhos e toda gente se afastava de mim com repugnância.

O egoísmo buscou cegar-me os olhos, sugerindo que os enjeitasse, entretanto a maternidade dolorosa auxiliava-me a vencer no combate silencioso do coração.

O ciúme alvitrava a revolta e o crime, mormente quando surgiam ante os meus olhos, de mães felizes, todavia, o beijo dos meus filhinhos desventurados induzia-me à gratidão pela caridade pública, à humildade, ao entendimento.

Nunca tive pouso certo, como nunca tive parentes que me solucionassem as necessidades.

Mendiguei nos caminhos, acompanhada pelas quatro crianças infelizes, que se transformaram em adultos cheios de necessidades crescentes.

Os dois aleijados partiram mais cedo, o leproso desencarnou algum tempo depois, e o cego andou comigo por mais de quarenta anos.

Suportei sede, fome, privações, conheci de perto os infortúnios e a aflição, com os filhos doentes, agonizantes ou insepultos.

Ao completar, porém, os setenta anos, libertei-me do trio maldito. A morte encontrou-me totalmente renovada e com a Bênção divina pude entoar o meu cântico de vitória.

A nobre Diana calou-se, sob nossa viva emoção. A sublime história valia por nova interpretação da luta terrestre.

Ante o nosso silêncio comovido, concluiu a mensageira do bem, com vibrante expressão:

— Como observam, sou devedora inolvidável para com os meus irmãos desventurados. Em companhia deles, na reencarnação terrestre, aprendi lições que mais de vinte séculos de escola tranquila não puderam me ensinar pela minha rebeldia e viciação.

E tão grande é a alegria que sinto dentro de mim, tão bela a noção de vitória individual, que se rastejasse, nas trevas, por alguns milênios, a fim de servi-los, não lhes pagaria, em hipótese alguma, o que lhes fiquei a dever para a eternidade.

Irmão X

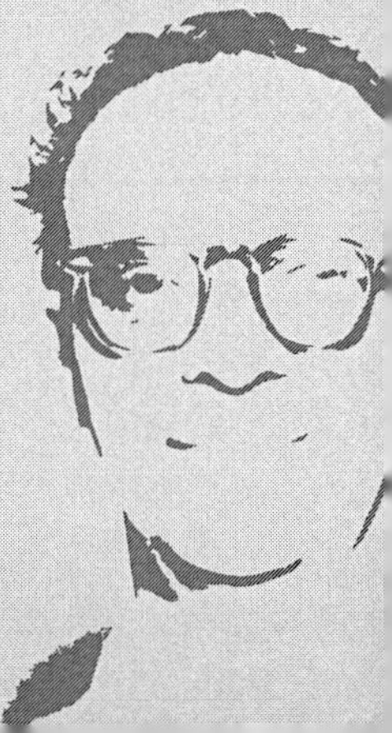

CAPÍTULO 13

HISTÓRIA DE UM **CORAÇÃO MATERNAL**

(Lembrança para a querida irmã Yolanda Cezar)

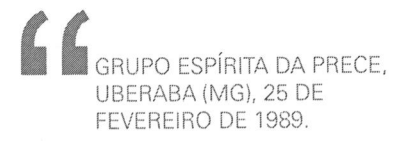

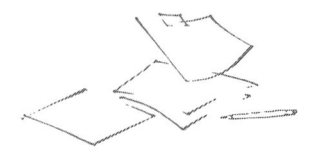

> GRUPO ESPÍRITA DA PRECE, UBERABA (MG), 25 DE FEVEREIRO DE 1989.

Eras ainda cândida menina
E trazias, no entanto, a chama peregrina
Da fé na paz de Deus que te abençoa;
E da fé escutaste a bela trilogia
Que te deixou cantando de alegria:
Ama, serve e perdoa.

Cresces em dias claros e risonhos;
Rogas ao Céu, na aurora de teus sonhos,
Um lar feliz como a Terra apregoa...
Sobe a tua oração e eis que o tempo se apresta;
Ganhas o lar e o lar te disse em festa:
Ama, serve e perdoa.

O companheiro deu-te quatro filhos,
Três estrelas, mostrando doces brilhos,
E um Sol de pleno amor que te atordoa...
Três filhas amorosas e um menino,
A dizer-te no olhar embora pequenino:
Ama, serve e perdoa.

Mas a Terra ainda é um mundo em que a dor mora!
E na casa tranquila que te enflora,
Cai a chuva de fel que aperfeiçoa...
Morre o filho, já moço, de improviso,
Choras!... E ele te fala num sorriso:
Ama, serve e perdoa.

Enxugadas as lágrimas da prova,
Partes com ele para a vida nova,
Onde a necessidade se amontoa...
Vestindo os nus e amparando os caídos,
Eis que o filho te segue e fala-te aos ouvidos:
Ama, serve e perdoa.

Agora, o companheiro, em difícil mudança,
Necessita de paz e de esperança!...

Perturbação do mundo não te doa...
Nada lhe exijas!... Segue, alma querida,
Que ele próprio descubra a luz da vida,
Ama, serve e perdoa.

MARIA DOLORES

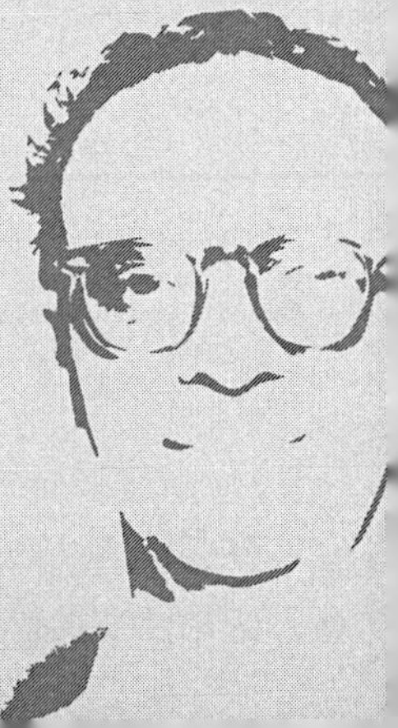

CAPÍTULO 14

O HOMEM E O
EVANGELHO

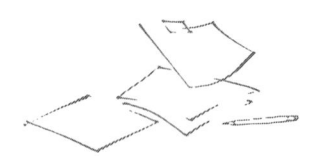

"PEDRO LEOPOLDO (MG), 16 DE
JULHO DE 1937.

"Por que sendo um só o Evangelho de Jesus, existem dele as mais variadas interpretações?"

O Evangelho é um só.

Apesar dos séculos que passaram sobre a palavra amorosa do divino Mestre, a sua lição atravessou todas as idades para nos felicitar com o seu saber atualíssimo.

O grande código de amor do Cristianismo nada perdeu em seus valores, no que se refere à sua primitiva pureza.

Mas, os homens, dentro dos labores inúteis da vaidade e, muitas vezes, inspirados pelos seus interesses inferiores, quiseram, nos seus núcleos isolados, talhar o Livro Eterno a seu talante.

Em nome da Doutrina de amor do Crucificado, mataram-se uns aos outros.

Criaram institutos tirânicos como a Inquisição, que exterminou alguns milhões de seres humanos, estabelecendo as discórdias de toda a natureza.

Em nome do Evangelho inventaram ainda as indústrias da cruz, traficaram com o altar, venderam e deturparam as bênçãos divinas, levaram a miséria e a confusão a milhões de lares terrestres, aliando-se os falsos pregoeiros da Boa-Nova com a política da incompreensão das leis divinas para a realização de suas nefastas ambições de domínio.

Entretanto, o Evangelho é sempre o mesmo e somente na atualidade, com o esclarecimento de algumas coletividades à luz da lição consoladora do Espiritismo, o velário se vem descerrando, e a palavra do divino Mestre vem sendo interpretada na sua primitiva pureza.

E, se isso aconteceu e acontece ainda, nos tempos que correm, constituindo a causa de perturbação para muitos espíritos, é que a verdade da Revelação divina é sempre como a gota d'água cristalina, descendo dos espaços.

Caída no solo, a gota de orvalho mistura-se ao elemento que a recebeu, modificando-se ao infinito.

Se repousa nas terras pesadas e brutas, é um fragmento de lama; se, porém, caiu sobre um diamante, nada perderá do seu brilho e da sua pureza de origem.

A revelação espiritual terá o mesmo destino.

Será modificada na interpretação pessoal de cada um, apresentando nos aspectos mais diversificados, apesar da sua unidade substancial.

É conhecendo esse fenômeno trivial que apelamos sempre para que sejais o brilhante espiritual em consciência e em coração.

Com a santidade de intenções, com o propósito da prática do bem e com o discernimento necessário, sabereis guardar as preciosidades da Revelação celeste.

Dentro, assim, do conhecimento superior que vos felicita o coração, que saibais arquivar sempre a luz de toda a caridade e de todo o amor.

EMMANUEL

CAPÍTULO 15

LEMBRANDO EURÍPEDES

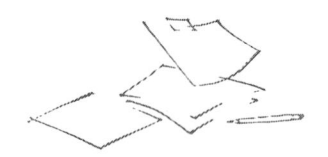

" S.I., S.D.

Honremos o missionário
Na floração da alegria,
Buscando seguir-lhe o passo,
Na senda de cada dia.

Lembramos o servidor
Erguido à felicidade,
Muita vez, sem conhecer-lhe
O preço da santidade.

Eurípedes, para ser
O apóstolo do Senhor,
Entregou-se totalmente
À bênção de seu amor.

Arauto do Espiritismo,
Seu coração era um templo
No qual demonstrava a fé
Na base do próprio exemplo.

Discípulo de Jesus,
Não desprezava ensinar,
Falando ou silenciando
Era o Evangelho a brilhar.

Humilhado e escarnecido,
Era firmeza e perdão.
Se ameaçado ou ferido
Fazia-se mais irmão.

Por devoção à verdade
No culto santo ao dever,
Tanto sabia auxiliar
Quanto sabia aprender.

Olvidando ouro e poder,
Procurando os dons divinos,
Levantando os sofredores,
Humildes e pequeninos.

Filósofo iluminado
Estudava o céu profundo,
Mas lenia onde passava
O pranto e as chagas do mundo.

Sacrificava a si mesmo
Pelo prazer de servir.
Valorizava os minutos
Na construção do porvir.

Reconfortando e instruindo,
Jamais censurou alguém...
Foi, em tudo, o companheiro
Que passou fazendo o bem.

Libertando-se da Terra,
Entre a vitória e a saudade,
Foi recebido no Além
Por príncipe da bondade.

Eurípedes, mensageiro,
Porta-voz da redenção,
Que Deus o conserve sempre [5]
Na rota da perfeição.
Louvemo-lo cada dia,
Com mais fulgor cada vez,
Mas buscando Jesus Cristo,
Fazendo como ele fez.

CASIMIRO CUNHA

---

5 N.E.: No original, estava expresso: "Deus o conserve sempre". Para atender à metrificação, foi acrescentado, antes, o pronome "Que", omitido involuntariamente.

CAPÍTULO 16

ABRIGO

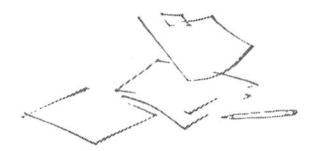

" PEDRO LEOPOLDO (MG), 8 DE NOVEMBRO DE 1957.

Tristes viajores relegados à intempérie conhecem, de sobra, as convulsões e angústias da natureza.

Apreensivos e atormentados, toleram agora o assédio do temporal que lhes encharca a veste rota, compelindo-os a atravessar o pântano em movimento.

Em seguida, sofrem o impacto de insetos escarninhos, que lhes sugam o sangue à flor da epiderme, quando não padecem o assalto oculto da fauna microscópica que lhes intoxica os centros de força.

Para eles, a noite é mais densa e a ventania mais áspera, constrangendo-os a caminhar...

Eis, porém, que lar amigo se lhes reponta à frente, ofertando-lhes à aflição sossegado refúgio.

Acolhidos, com amor, repousam e reaquecem-se ao aconchego da confiança, cobrando energias novas na procura da meta que deve continuar.

No quadro simples de cada dia, encontramos a alma humana entregue às sombras da tempestade moral, na hora difícil que atravessamos...

Flagelações e perigos cercam-lhe o passo, através de todos os flancos da luta, enquanto venenos sutis de cansaço e discórdia lhe imobilizam as esperanças...

Entretanto, o coração fraternal que a fé esclarece, ao Sol do Cristo eterno, é o abrigo de amor que a estrada lhe propicia, santuário ditoso em que há paz e remédio, alimento e consolo...

Guardemos, pois, no mundo, a tarefa da bênção que o Senhor assinala à nossa fé sublime, a fim de que sejamos, hoje, agora e amanhã o altar de entendimento em que a vida de todos se refaça mais límpida, na romagem da Terra, para a luz do porvir.

EMMANUEL

CAPÍTULO 17

VISITA FRATERNA

> REUNIÃO BENEFICENTE, REALIZADA NO SALÃO DE FESTAS DO CLUBE PINHEIROS, EM SÃO PAULO (SP), 26 DE AGOSTO DE 1984.

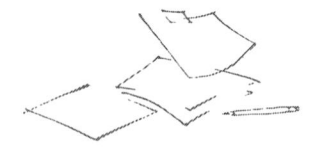

Hoje cedo, deixei o meu retiro
E como sempre ocorre, dei-me ao giro
Onde a sombra se espalha e a penúria golpeia...
Descobri, para logo, a caravana
Dos que sofrem no corpo a garra desumana
Da rude provação que os encadeia.

Vi tristes mães chorando desprezadas,
Crianças esmolando nas estradas
Um cobertor usado ou a dádiva de um pão,
Velhinhos a tremer na jornada sombria,
Gemendo entre a garoa e a ventania
E os doentes cansados de aflição.

Vi mais longe, conquanto em outros lados,
Pobres irmãos erguendo os punhos revoltados
E a brandirem na terra estranho açoite...
Era a equipe da incompreensão que ainda não dorme
Alimentando, a desespero enorme,
Pensamentos da guerra, dia e noite!...

Então gritei na longa senda escura:
"— O que fazer, Jesus, entre a sombra e a loucura?"
Celeste benfeitor guardou a minha mão...
E, através de viagem curta e leve,
Penetrei na cidade, em tempo breve,
E abracei-vos, feliz, neste nobre salão.

O vosso grupo de beneficência
É o socorro à penúria e vacina à violência,
Traduzindo a resposta do Senhor!...
Cooperando no bem, de parcela em parcela,
Anunciais a paz que assim se nos revela
Na bênção de servir pela união no amor.

E em prece de louvor, notando-vos o exemplo,
Neste recinto em flor transfigurado em templo,

Ao clarão imortal da fé que nos conduz,
Clamo, perante os Céus, alegre e enternecida!
"— Amados irmãos meus, Deus vos sustente a vida,
Guardando-vos, em paz, nos festivais da luz!..."

MARIA DOLORES

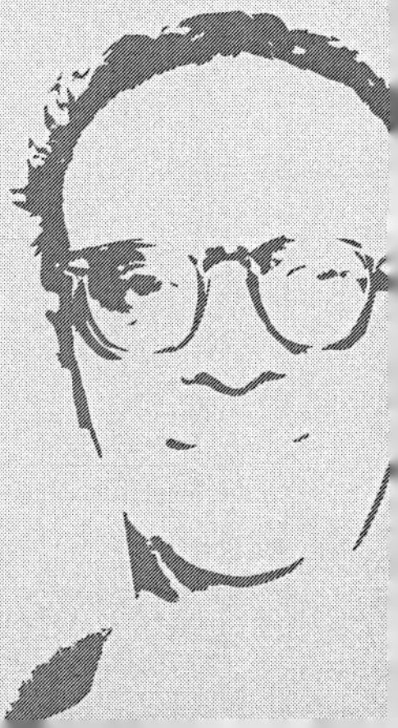

CAPÍTULO 18

COMEÇOS

> GRUPO ESPÍRITA DA PRECE,
> UBERABA (MG), 15 DE ABRIL
> DE 1983.

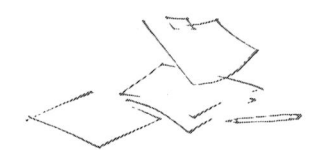

A disciplina começa no lar, e a rebeldia também.

EMMANUEL

CAPÍTULO 19

RAZÕES PARA OS SERVIÇOS DA DESOBSESSÃO

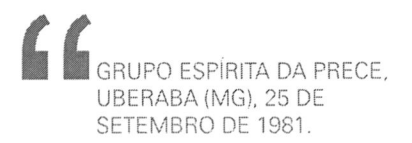

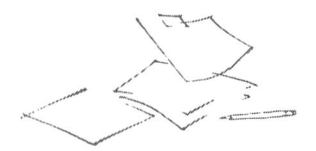

> GRUPO ESPÍRITA DA PRECE, UBERABA (MG), 25 DE SETEMBRO DE 1981.

Alguns irmãos espiritualistas consideram desaconselhável o contato com os desencarnados sofredores e ignorantes; entretanto, Jesus e Kardec não desprezaram semelhante iniciativa, entrando no intercâmbio com eles, a fim de se lhes doar reconforto e compreensão.

Há quem diga que a tarefa a que nos reportamos deve ser efetuada pelos orientadores espirituais, domiciliados fora do plano físico; no entanto, seria muito estranha uma escola na qual os professores chamassem a si todo o trabalho do aprendizado, impedindo que os alunos compartilhem do serviço que se realiza a benefício deles mesmos.

Um Espírito desenfaixado da existência terrestre, ainda desinformado e sofredor, é semelhante ao homem comum, quando em crises de ignorância e penúria, a quem se deve socorrer.

Fossem nossos filhos ou nossos pais no mundo os desencarnados em desespero e, decerto, saberíamos agradecer aos amigos que se dispusessem a prestar-lhes caridoso amparo.

Não se entenderia um empreendimento assistencial em que se entrega o pão ao companheiro de corpo desnutrido, mantendo-se o benfeitor, ao mesmo tempo, com indiferença ou frieza para com as necessidades de alma daqueles mesmos irmãos aos quais beneficia.

O diálogo afetivo em bases de fraternidade, mormente para os que atravessam tribulações e sombras, é sempre uma bênção.

Se a organização psíquica de alguém no mundo sofre a intromissão negativa de companheiros que não mais se vinculam ao campo físico, e sendo possível para nós outros a cooperação aconselhável para que os irmãos do plano terrestre e do plano espiritual se desvencilhem dos prejuízos da hipnose obsessiva em que se encontram, seria descaridade fugir de auxiliá-los e de esclarecê-los.

Em suma, é muito cômodo instalar-se a criatura na chamada "torre de marfim" da inteligência, relegando os irmãos desencarnados, ainda incultos e sofredores, ao acaso, sob o pretexto de se evitarem riscos e perigos, quando os nossos companheiros, na Terra, que assim procedem talvez amanhã se vejam em situação idêntica à daqueles que hoje abandonam, rogando aos irmãos que ficaram no mundo a esmola de alguns minutos de reconforto e esclarecimento que os amparem na procura da paz e da compreensão, em nome de Deus.

Emmamuel

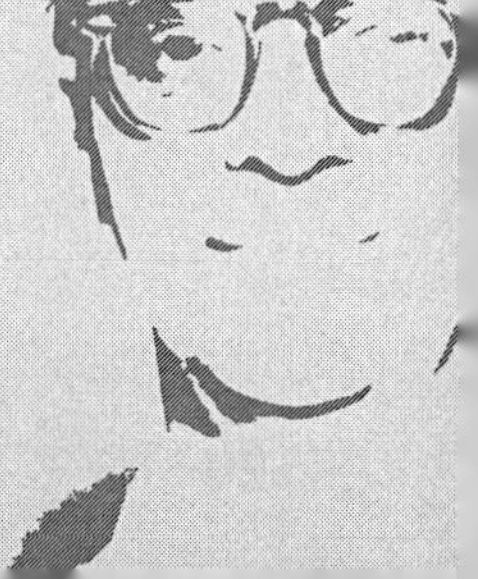

CAPÍTULO 20

TELA DO **MUNDO**

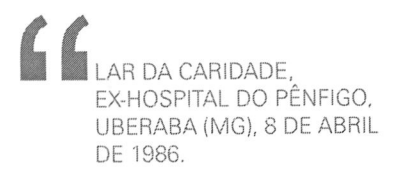

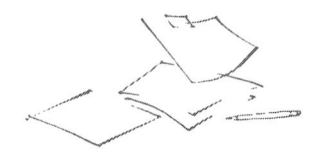

"LAR DA CARIDADE,
EX-HOSPITAL DO PÊNFIGO,
UBERABA (MG), 8 DE ABRIL
DE 1986.

A Terra esbanja beleza,
Na cúpula dos países,
Fulguram povos felizes,
Riquezas em profusão...
A Natureza soberba
Guarda tesouros na selva,
Flores enfeitam a relva,
Veludo que adorna o chão.

Das cidades opulentas,
Voam naves poderosas,
Surgem torres luminosas,
Brasões, legendas, troféus...
A inteligência se alteia,
Abrindo escolas e estradas,
Há mansões dependuradas,
Na luz dos arranha-céus!...

Mas à frente do esplendor
Em que o ouro se descobre,
Surge o mundo amargo e pobre
Dos que vivem de esperar.
Tristes mães rogam auxílio,
Em dolorosas andanças,
Para mirradas crianças
Que se agitam sem lugar!...

Irmãos despontam na praça,
Sob o fascínio do furto,
Avançam em passo curto
De empórios retiram pães;
Moços fortes ao prendê-los
Prometem pancadaria,
Há tumulto e gritaria,
Em meio ao choro das mães.

Registro vozes diversas...
De quem são? Ouço gemidos,
É a multidão dos vencidos
Que mal conhece aonde vai...
Junto a um posto de assistência,
Formando enorme fileira,
Aguarda-se a noite inteira
O raro apoio que sai...

O progresso exalta o mundo...
E, no porão da grandeza,
Há pranto, angústia, tristeza,
Embates de chaga e dor!...
 Só Jesus, vencendo as sombras,
Ergue a luz da Caridade,
Conduzindo a Humanidade
Para a vitória do Amor.

Maria Dolores

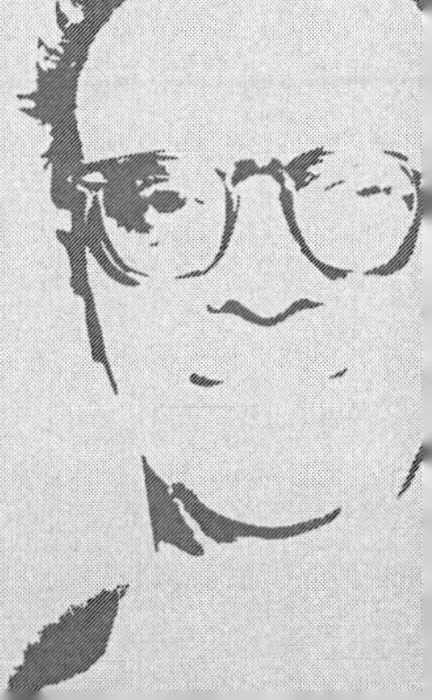

CAPÍTULO 21

MENSAGEM DE EMMANUEL DIRIGIDA AOS AMIGOS DO CENTRO ESPÍRITA LUIZ GONZAGA

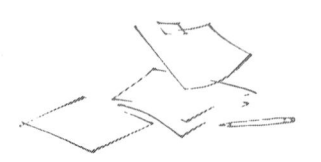

> PEDRO LEOPOLDO (MG), 31 DE JULHO DE 1956.

Meus amigos, muita paz.

Não fosse o conteúdo da carta de nosso amigo extremamente doutrinário, não nos consideraríamos ligados ao assunto.

Contudo, apreciando nossos deveres na previsão do porvir, somos compelidos a ponderar que, enquanto a sementeira de nossos princípios se opere no clima de melhor fraternidade, com a extensão crescente da mensagem evangélica, pura e simples, será justo marchar sem preocupações, não ocorrendo o mesmo, ante a perspectiva de convênios humanos que, suscetíveis de comprometer-nos o livre movimento, nos reclamam estudo e meditação.

Diante do plano de serviço proposto pelo abnegado companheiro que nos preside a casa de trabalho, cuja prévia apresentação agradecemos na velha gratidão e no invariável carinho que lhe devemos, pedimos permissão para sugerir as providências e ponderações seguintes:

1) O médium Xavier, com responsabilidade definida perante a Espiritualidade, na tarefa das mensagens que psicografa, assinará um documento de doação dos direitos que lhe assistem, no aspecto legal do assunto, em favor do Centro Espírita Luiz Gonzaga, para a publicação de um livro com mensagens produzidas por intermédio de suas faculdades mediúnicas, em nossas reuniões públicas de segundas e sextas-feiras. Livro esse que o presidente de nossa instituição poderá entregar, então, documentadamente, à Livraria Allan Kardec Editora, como deseja, em nome do nosso Grupo, para que seja publicado, em benefício de nossa Casa.

Rogamos, porém, o apoio dos companheiros, para que semelhante iniciativa não ultrapasse a publicação de um só livro, nessa feição, aliás, a ser doado ao Centro

Espírita Luiz Gonzaga em homenagem ao devotamento de seus trabalhadores atuais, porque mais de um livro, no aspecto em foco, poderá, de futuro, estimular a comercialização terrestre da palavra dos amigos desencarnados, no Centro, quando os seus atuais diretores estiverem desencarnados, desviando os irmãos de ideal do desprendimento, da operosidade e da diligência, nos quais a organização, com o Auxílio divino, tem sabido viver até agora.

Além disso, entregar à Livraria Allan Kardec Editora mais de um livro, constituído com mensagens recolhidas na instituição, seria entregar a uma organização espírita e respeitável, mas naturalmente comercial, um patrimônio de ideias que vem sendo produzido com destino à Federação Espírita Brasileira que, representando a *Casa-máter* de nossa Doutrina, no Brasil, nos merece o mais amplo acatamento e incondicional cooperação.

Embora respeitemos na Livraria Allan Kardec Editora uma instituição nobre e digna que vem colaborando com a aludida Federação no lançamento de obras doutrinárias, é preciso convir que ela não tem a obrigação de responder, mais tarde, perante a coletividade espírita, por qualquer alteração eventual na obra do Senhor, por meio dos servidores desencarnados do Evangelho, ao passo que a Federação Espírita Brasileira é depositária impessoal de graves responsabilidades nesse sentido, podendo ser naturalmente interpelada pelo consenso dos espíritas, em qualquer desvirtuamento que possa surgir, de futuro, competindo-nos o dever de afirmar que o nosso parecer não se prende a qualquer desconsideração aos companheiros do Centro Espírita Luiz Gonzaga ou aos amigos da Livraria Allan Kardec Editora, que nos são sumamente estimáveis, mas sim reflete a nossa responsabilidade individual e coletiva, diante do porvir, quando os irmãos, agora encarnados, estiverem conosco, no plano espiritual, sem possibilidades de reajustamento das próprias atitudes, à frente de abusos prováveis.

2) Atentos ao exposto, o nosso presidente poderá escolher cento e oitenta mensagens no conjunto das que foram psicografadas, no período de 1950 a 1956, guardando, porém, o cuidado de evitar no livro a ser doado ao Centro Espírita Luiz Gonzaga, a inclusão das que já foram publicadas em *Reformador*, órgão da Federação Espírita Brasileira, no período de tempo a que nos reportamos, para o que nossos amigos do Centro Espírita Luiz Gonzaga deverão consultar as coleções da referida publicação, de 1950 a 1956, para que, de futuro, quando a Livraria Allan Kardec Editora, por injunções do tempo, estiver modificada em suas diretrizes, não haja possibilidade de surgir entre ela e a Federação Espírita Brasileira, em nosso nome, qualquer reclamação ou desagrado, evitando-se, desse modo, querelas públicas, em desacordo com a Doutrina de paz e amor, empenhada em nossas mãos.

3) Devemos esclarecer aos companheiros encarnados que assim agimos, em atenção a compromissos assumidos no plano superior, no sentido de colaborarmos todos no progresso e engrandecimento da Federação Espírita Brasileira, que representa a Casa de nossa Causa, diante da qual nossos desejos devem desaparecer, por meio da renúncia sadia, ainda mesmo quando apareçam dificuldades de imediata compreensão com os trabalhadores encarnados que a dirigem e movimentam, de vez que, acima de nós, permanece a Obra do Cristo no Espiritismo, nela mediada, cabendo-nos o dever de auxiliá-la e prestigiá-la, tanto quanto nos seja possível, com o esquecimento de nossas próprias necessidades, pois, somente assim, unidos na concórdia e no serviço incessantes, é que cooperaremos em favor da vitória do Espiritismo nas consciências.

Aqui fica o nosso parecer, que apresentamos aos nossos amigos, com respeito e confiança, dentro da nossa gratidão de todos os dias, rogando a Jesus nos ampare e abençoe.

EMMANUEL

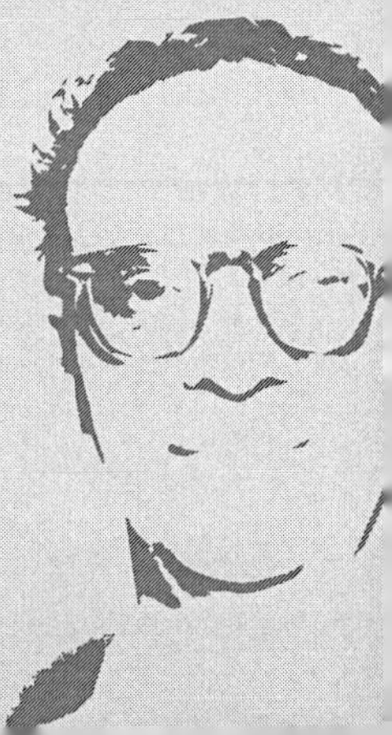

CAPÍTULO 22

PALAVRA E
VIDA

> CENTRO ESPÍRITA UNIÃO, RUA DOS DEMOCRÁTICOS, 527, BAIRRO DO JABAQUARA, SÃO PAULO (SP), 2 DE OUTUBRO DE 1985.

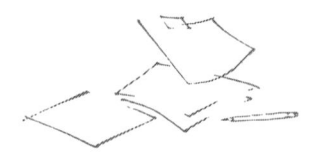

Não desprimores, nem firas
O coração que te escuta,
Às vezes, em febre e luta,
Na provação em que jaz;
Pelo recurso da voz
Que instrui, conforta e elucida,
Deus te deu na luz da vida,
O dom de fazer a paz.

Quando falas e onde falas,
Traças caminho e normas
Pelas imagens que formas,
Nas palavras tais quais são;
Como dizes, no que digas,
Constróis jardins e moradas,
Emendas, pontes e escadas
De queda ou de elevação.

Se contratempos te afligem,
Entre lembranças que deixas,
Evita sombras e queixas,
Não menosprezes ninguém;
A ofensa que nos procura,
Mesmo de modo impreciso,
Dissolve-se, de improviso,
Na fonte viva do bem.

À frente de quem te humilha,
Não devolvas pedra e lama,
Cala, serve, ampara e ama
Na expressão que te traduz;

Eis que o Céu se manifesta
Na bondade que irradia...
Contempla o Sol, cada dia:
É bênção falando em luz.

Se a caridade te guia
Vencendo espinhos e males,
Não te revoltes, nem fales,
Agravando a treva e a dor;
Toda palavra de auxílio,
No bem espontâneo e puro,
É tijolo do futuro
Erguendo o Reino do Amor.

MARIA DOLORES

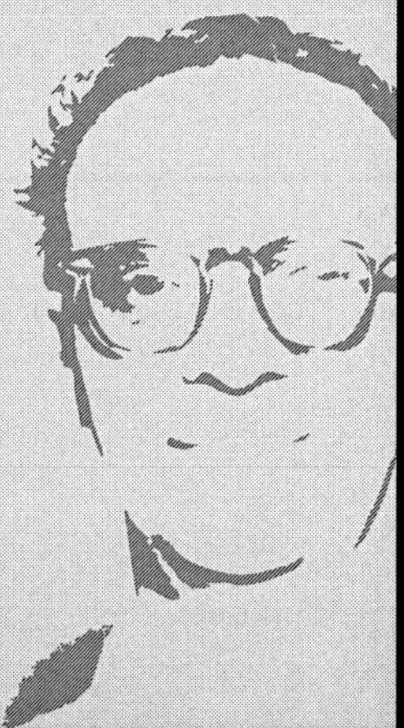

CAPÍTULO 23

ANTE OS LIDADORES
DAS LETRAS

> COMUNHÃO ESPÍRITA CRISTÃ, UBERABA (MG), REUNIÃO DEDICADA A ESTUDOS PARA O LANÇAMENTO DO ANUÁRIO ESPÍRITA, 15 DE AGOSTO DE 1963.

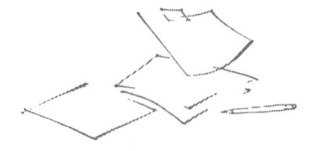

Senhor Jesus!

No concerto das forças que te servem a construção da Era Nova, suplicamos-te apoio e inspiração para os lidadores da imprensa espírita, quase sempre mantidos em condições sacrificiais para sustentarem a lavoura do bem.

Sobretudo, Mestre, permite possamos mencionar, diante do teu amparo, aqueles a que a abnegação situou nos mais duros misteres:

Os que são escarnecidos pela sinceridade com que se devotam aos assuntos da alma;

Os que se arrostam com ingratidão e desvalimento por não esmorecerem na exposição da verdade;

Os que são tentados com vantagens dinheirosas e preferem suar no rigor da carência, sem te deslustrarem a confiança;

Os que amargam incompreensão e abandono, às vezes, entre as paredes do lar, e continuam fiéis à tua mensagem libertadora;

Os que são tidos, à conta de obsessos, tão somente por te exemplificarem os ensinos, distanciados de humanas conveniências;

Os que trabalham gratuitamente na exaltação da tua causa, entre as fadigas do corpo e as exigências da profissão;

Os que compreendem a dignidade da ideia espírita, elevando-a sempre, sem jamais rebuçá-la em sarcasmo ou crueldade, a pretexto de esclarecer os semelhantes;

Os que molham a pena, no fel das próprias lágrimas, a fim de que as páginas edificantes da tua Doutrina se façam clarões permanentes, orientando os que se tresmalham nas sombras;

E os que, ainda mesmo temporariamente submetidos à enfermidade ou à penúria, olvidam a si mesmos, transfundindo a dor em cântico e a dificuldade em lição!...

Senhor!

Conduziste-nos o coração para Deus, ensinando-nos a solicitar-Lhe o pão nosso de cada dia... Deixa, assim, te roguemos também proteção e auxílio para que as letras espíritas nos garantam na Terra o Pão de luz!

EMMANUEL

CAPÍTULO 24

CANTO DAS AVES NOS *CÉUS DE ELLON COLLEGE*

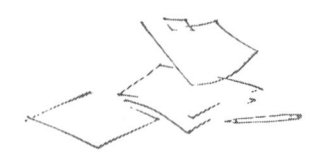

" S.I., S.D.

Pela amplidão que fulgura
Na luz do céu multicor,
Onde vivemos na Altura,
Bendito sejas, Senhor!

Pelo sol que nos aquece
De vida, alegria e amor,
Cantamos de novo, em prece:
Bendito sejas, Senhor!

Pela paz dos horizontes
Tecida em brando esplendor,
Pela pureza das fontes,
Bendito sejas, Senhor!

Pela ramagem que empresta
O ninho agasalhador,
Pelas árvores em festa,
Bendito sejas, Senhor!

Pela bênção das cantigas
Que o povo nos faz compor,
Pelas crianças amigas,
Bendito sejas, Senhor!

Pelas campinas abertas
Aos sonhos da terra em flor,
Por tudo o que nos ofertas,
Bendito sejas, Senhor!

Casimiro Cunha

CAPÍTULO 25

ENTRE **AMIGOS**

> REUNIÃO DO GRUPO ESPÍRITA DA PRECE, UBERABA (MG), 17 DE MARÇO DE 1981.

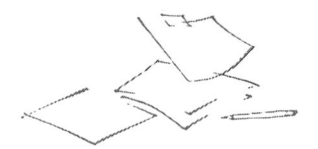

Amigo é alguém que te merece inteira confiança, é alguém que mais se parece a um desdobramento de ti mesmo.

Entretanto, é igualmente alguém que te pode dar amanhã uma grande dor de cabeça ou causar-te enorme prejuízo, por meio de quem a Providência divina deseja que aprendas a amar e a perdoar.

Emmanuel

CAPÍTULO 26

PERSEVERANÇA E AMOR

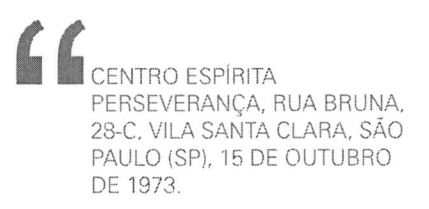

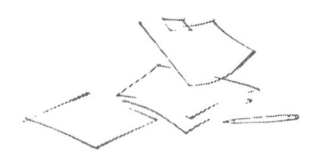

> CENTRO ESPÍRITA PERSEVERANÇA, RUA BRUNA, 28-C, VILA SANTA CLARA, SÃO PAULO (SP), 15 DE OUTUBRO DE 1973.

Escuta, alma querida,
Se buscas cooperar na construção do bem,
Plantando a caridade e a compreensão na vida,
Não te prendas ao fel, à revolta, ao pesar,
Não deixes de servir, nem fujas de esperar.

Na sombra mais espessa,
Ou quando o dia tombe e na estrada anoiteça,
Surjam espinheirais, caia granizo em monte,
Alça o próprio ideal por luz acesa
E prossegue servindo, ante a clara certeza
De que o Sol voltará, de horizonte a horizonte.

Em tudo o que se apura e se alteia de nível,
Onde a Fé predomine e o progresso resplenda,
Perseverança em paz é a sublime legenda
Do amor que, frente ao bem, desconhece o impossível...

A própria Natureza é um livro sempre aberto,
Tudo o que serve e ampara louva a disciplina;
Do firmamento ao chão, da cidade ao deserto,
Persistir para ser é a mensagem divina.

Insistindo na luz, constelações remotas
Criam vida e calor nos espaços profundos,
Cada império estelar atende às próprias rotas
E alenta no Universo a harmonia dos mundos...

A dura solidão a rocha se sujeita,
Por milênios guardando o vale em derredor,
E o vale mostra em si a humildade perfeita
Em que o solo produz para a Vida Melhor.

A fonte encontra a lama e prossegue por norma
Purificando a lama, a servir e a cantar,
E, mantendo-se fonte, aos poucos se transforma
Em riqueza do rio e sustento do mar.

Podado na pressão da lâmina severa,
O tronco silencia aos golpes agressores
E quando o campo espalha os sons da primavera,
Ei-lo forte e feliz, a cobrir-se de flores!...

Segue, pois, dia a dia, passo a passo,
Sublimando a tarefa que te exprime,
Nada te turve a fé, nada te desanime
O ideal da ascensão, sem lamento ou cansaço...

E servindo, recorda, alma querida e boa,
Tudo quanto se eleva e aperfeiçoa,
Das trevas abismais aos sóis do Mais-Além.
Deus, o Divino Amor, na Luz da Grande Espera,
Ama, nutre, constrói, renova, persevera
E trabalha também.

MARIA DOLORES

CAPÍTULO 27

CONVIDADOS DIFÍCEIS

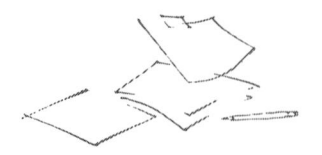

"GRUPO ESPÍRITA DA PRECE, UBERABA (MG), 17 DE JUNHO DE 1983.

A caridade, em algumas ocasiões, encontra problemas aparentemente contraditórios.

Aparecem os irmãos necessitados, diante dos recursos assistenciais que se lhes reserva; e o júbilo da gratidão lhes brilha no olhar, a iluminar-lhes a face antes pálida e triste.

Entretanto, para logo se destaca o grupo dos insatisfeitos.

Muitas vezes se aproximam dos amigos que lhes entregam o carinho materializado da beneficência e reclamam com azedume.

Habitualmente, afirmam-se lesados na expectativa que mantinham acerca das doações que recolhem.

Desejariam obter os recursos que não lhes foram doados.

Referem-se a privações ocultas.

Relacionam as doenças de que se acreditam portadores.

Quereriam mais dinheiro e mais facilidades, além dos benefícios que lhes são oferecidos e, em muitos casos, se desmandam em acusações gratuitas e indiretas.

Se integras essa ou aquela equipe de assistência aos irmãos em penúria e se te vês à frente desses companheiros inconformados, silencia, sempre que lhes não possas atender as exigências.

Sobretudo, não lhes reproves a dor.

Quase todos esses amigos que descambam para a queixa indébita são nossos associados de existências do pretérito que se transviaram, um dia, nos abusos da finança e do poder.

Menosprezando os valores que a vida lhes confiou, ignoram presentemente como aceitar a carência e a provação.

Não lhes acolhas as lamentações no vinagre da crítica. Ao invés disso, escuta-lhes as referências descabidas com serenidade e entendimento. São todos eles herdeiros de Deus, tanto quanto nós, e convidados de Cristo, para o banquete da beneficência, do qual te fazes servidor. Junto deles, nossos irmãos descontentes, é que descobrimos, com mais segurança, o ensejo de aprender como entesourar as forças da humildade e a maneira mais fácil de acender, em nosso próprio espírito, a luz da abnegação.

EMMANUEL

CAPÍTULO 28

ORAÇÃO
MATINAL

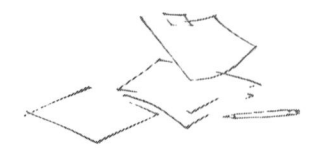

> PEDRO LEOPOLDO (MG), 3 DE
> JUNHO DE 1956.

Querido Mestre,

Doce Jesus,

Guia meus passos

Em tua luz.

Eterno Amigo

Da Perfeição,

Guarda contigo

Meu coração.

João de Deus

CAPÍTULO 29

ASSUNTO DE
RENOVAÇÃO

> GRUPO ESPÍRITA DA PRECE,
> UBERABA (MG), 18 DE MARÇO
> DE 1981.

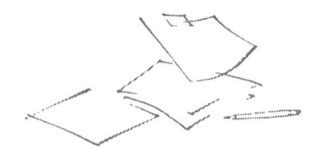

Porque o discípulo indagasse do mentor a razão pela qual não endereçava qualquer advertência ao aprendiz transviado, o instrutor esclareceu:

— Uma repreensão que o interessado não pediu pode representar semanas ou meses de sofrimentos e conflitos sem o mínimo proveito.

E, às vezes, é capaz de ser motivo para que se afastem de nós aqueles que mais amamos.

Entretanto, a experiência própria costuma fazer por nós o melhor que sejamos capazes de receber com um só dia de lágrimas.

Emmanuel

CAPÍTULO 30

ORAÇÃO EM
SACRAMENTO

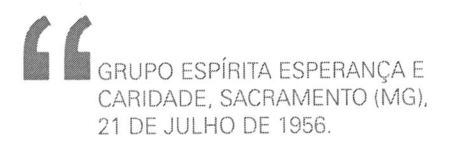

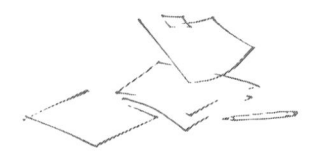

"GRUPO ESPÍRITA ESPERANÇA E
CARIDADE, SACRAMENTO (MG),
21 DE JULHO DE 1956.

Terra generosa de Sacramento,
que nos acalentas em tua luz,
asilados, em teus braços,
rogamos a Deus, ardentemente,
nos ilumine e nos envolva.

Em teu santuário de esperança,
a erguer-se, bendito,
sobre o amor de teus filhos,
suplicamos ao Céu para
que o Espiritismo
seja conosco, em tudo,
o ensino do Mestre em nossos passos!

Inspirados
pela paz do teu campo,
no teu Sol claro e belo
e em tuas noites estreladas
Implorando ao Cristo
para que a nossa fé
se exprima sempre,
no socorro aos necessitados,
no remédio ao doente,
no amparo às criancinhas,
no reconforto aos tristes,
no trabalho incessante
para a vitória do bem,
na solidariedade,
na renúncia incansável,
na humildade e no amor,

na caridade pura...
Nós pedimos ainda
ao Todo-poderoso,
oh! Terra benfazeja,
para que no teu seio
acolhedor e amigo
possamos viver todos,
sem discórdia e sem mágoa,
em perene união!

Solo florido em graças
de harmonia e beleza,
osculamos-te a relva,
em júbilo crescente
de ternura, alegria e doce gratidão.

E, ante a palavra humana,
incapaz de plasmar-nos
os constantes carinhos,
ditosa, aqui se cala
a nossa voz humilde
a repetir em prece:

Terra de Sacramento,
que a bondade te inspire,
que o progresso te guarde
e que DEUS te abençoe!

Eurípedes

Livros psicografados por Francisco Cândido Xavier publicados pela Editora CEU

TÍTULO	ESPÍRITO	ANO DE PUBL.
Amigo	Emmanuel	1979
Livro de respostas	Emmanuel	1980
A vida conta	Maria Dolores	1980
Pronto-socorro	Emmanuel	1980
Caminhos	Emmanuel	1981
Rumos da vida	Espíritos diversos	1981
Família	Espíritos diversos	1981
Linha duzentos	Emmanuel	1981
Mais vida	Espíritos diversos	1982
Palavras do coração	Meimei	1982
Praça da amizade	Espíritos diversos	1982
Endereços da paz	André Luiz	1982
Paciência	Emmanuel	1983
Caminhos do amor	Maria Dolores	1983
Correio do Além	Espíritos diversos	1983
Paz	Emmanuel	1983
Convivência	Emmanuel	1984
Alma e vida	Maria Dolores	1984
Hoje	Emmanuel	1984
Tão fácil	Espíritos diversos	1985
Joia	Emmanuel	1985
Nós	Emmanuel	1985
Mediunidade e sintonia	Emmanuel	1986
O essencial	Emmanuel	1986
Canais da vida	Emmanuel	1986
Estradas e destinos	Espíritos diversos	1987
Doutrina e vida	Espíritos diversos	1987
Esperança e alegria	Espíritos diversos	1987

TÍTULO	ESPÍRITO	ANO DE PUBL.
Temas da vida	Espíritos diversos	1987
Escultores da alma	Espíritos diversos	1987
Vida além da vida	Lineu de P. Leão Júnior	1988
Relatos da vida	Irmão X	1988
Construção do amor	Emmanuel	1988
Doutrina e aplicação	Espíritos diversos	1989
Histórias e anotações	Irmão X	1989
Sentinelas da luz	Espíritos diversos	1990
Excursão de paz	Espíritos diversos	1990
Moradias de luz	Espíritos diversos	1990
Ação, vida e luz	Espíritos diversos	1991
Luz no caminho	Emmanuel	1992
Pérolas de luz	Emmanuel	1992
Bênçãos de amor	Espíritos diversos	1993
Gotas de paz	Emmanuel	1993
As palavras cantam	Carlos Augusto	1993
Esperança e luz	Espíritos diversos	1993
União em Jesus	Espíritos diversos	1994
Momento	Emmanuel	1994
Anotações da mediunidade	Emmanuel	1995
Plantão de respostas	Pinga-fogo II	1995
Antologia da amizade	Emmanuel	1995
Sínteses doutrinárias	Espíritos diversos	1995
Antologia da esperança	Espíritos diversos	1995
Saudação de Natal	Espíritos diversos	1996
Paz e amor	Cornélio Pires	1996
Alma do povo	Cornélio Pires	1996
Paz e libertação	Espíritos diversos	1996
Degraus da vida	Cornélio Pires	1996
Senda para Deus	Espíritos diversos	1997

TÍTULO	ESPÍRITO	ANO DE PUBL.
Traços de Chico Xavier	Espíritos diversos	1997
Caminhos da vida	Cornélio Pires	1997
Pétalas da vida	Cornélio Pires	1997
Caminho iluminado	Emmanuel	1998
Trovas da vida	Cornélio Pires	1999
Escada de luz	Espíritos diversos	1999
Perdão e vida	Espíritos diversos	2000

O EVANGELHO NO LAR

Quando o ensinamento do Mestre vibra entre quatro paredes de um templo doméstico, os pequeninos sacrifícios tecem a felicidade comum.[1]

Quando entendemos a importância do estudo do Evangelho de Jesus, como diretriz ao aprimoramento moral, compreendemos que o primeiro local para esse estudo e vivência de seus ensinos é o próprio lar.

É no reduto doméstico, assim como fazia Jesus, no lar que o acolhia, a casa de Pedro, que as primeiras lições do Evangelho devem ser lidas, sentidas e vivenciadas.

O espírita compreende que sua missão no mundo principia no reduto doméstico, em sua casa, por meio do estudo do Evangelho de Jesus no Lar.

Então, como fazer?

Converse com todos que residem com você sobre a importância desse estudo, para que, em família, possam compreender melhor os ensinamentos cristãos, a partir de um momento de união fraterna, que se desenvolverá de maneira harmônica e respeitosa. Explique que as reflexões conjuntas acerca do Evangelho permitirão manter o ambiente da casa espiritualmente saneado, por meio de sentimentos e pensamentos elevados, favorecendo a presença e a influência de Mensageiros do Bem; explique, também, que esse momento facilitará, em sua residência, a recepção do amparo espiritual, já que auxilia na manutenção de elevado padrão vibratório no ambiente e em cada um que ali vive.

Convide sua família, quem mora com você, para participar. Se mora sozinho, defina para você esse momento precioso de estudo e reflexões. Lembre-se de que, espiritualmente, sempre estamos acompanhados.

Escolha, na semana, um dia e horário em que todos possam estar presentes.

O tempo médio para a realização do Evangelho no Lar costuma ser de trinta minutos.

---

[1] XAVIER, Francisco Cândido. *Luz no lar*. Por Espíritos diversos. 12. ed. 7. imp. Brasília: FEB, 2018. Cap. 1.

As crianças são bem-vindas e, se houver visitantes em casa, eles também podem ser convidados a participar. Se não forem espíritas, apenas explique a eles a finalidade e importância daquele momento.

O seguinte roteiro pode ser utilizado como sugestão:

1. Preparação: leitura de mensagem breve, sem comentários;
2. Início: prece simples e espontânea;
3. Leitura: *O evangelho segundo o espiritismo* (um ou dois itens, por estudo, desde o prefácio);
4. Comentários: breves, com a participação dos presentes, evidenciando o ensino moral aplicado às situações do dia a dia;
5. Vibrações: pela fraternidade, paz e pelo equilíbrio entre os povos; pelos governantes; pela vivência do Evangelho de Jesus em todos os lares; pelo próprio lar...
6. Pedidos: por amigos, parentes, pessoas que estão necessitando de ajuda...
7. Encerramento: prece simples, sincera, agradecendo a Deus, a Jesus, aos amigos espirituais.

As seguintes obras podem ser utilizadas nesse momento tão especial:

- *O evangelho segundo o espiritismo*, como obra básica;
- *Caminho, verdade e vida*; *Pão nosso*; *Vinha de luz*; *Fonte viva*; *Agenda cristã*.

Esse momento no lar não se trata de reunião mediúnica e, portanto, qualquer ideia advinda pela via da intuição deve permanecer como comentário geral, a ser dito de maneira simples, no momento oportuno.

No estudo do Evangelho de Jesus no Lar, a fé e a perseverança são diretrizes ao aprimoramento moral de todos os envolvidos.

LITERATURA ESPÍRITA

Em qualquer parte do mundo, é comum encontrar pessoas que se interessem por assuntos como imortalidade, comunicação com Espíritos, vida após a morte e reencarnação. A crescente popularidade desses temas pode ser avaliada com o sucesso de vários filmes, seriados, novelas e peças teatrais que incluem em seus roteiros conceitos ligados à Espiritualidade e à alma.

Cada vez mais, a imprensa evidencia a literatura espírita, cujas obras impressionam até mesmo grandes veículos de comunicação devido ao seu grande número de vendas. O principal motivo pela busca dos filmes e livros do gênero é simples: o Espiritismo consegue responder, de forma clara, perguntas que pairam sobre a Humanidade desde o princípio dos tempos. Quem somos nós? De onde viemos? Para onde vamos?

A literatura espírita apresenta argumentos fundamentados na razão, que acabam atraindo leitores de todas as idades. Os textos são trabalhados com afinco, apresentam boas histórias e informações coerentes, pois se baseiam em fatos reais.

Os ensinamentos espíritas trazem a mensagem consoladora de que existe vida após a morte, e essa é uma das melhores notícias que podemos receber quando temos entes queridos que já não habitam mais a Terra. As conquistas e os aprendizados adquiridos em vida sempre farão parte do nosso futuro e prosseguirão de forma ininterrupta por toda a jornada pessoal de cada um.

Divulgar o Espiritismo por meio da literatura é a principal missão da FEB, que, há mais de cem anos, seleciona conteúdos doutrinários de qualidade para espalhar a palavra e o ideal do Cristo por todo o mundo, rumo ao caminho da felicidade e plenitude.

CARIDADE: AMOR EM AÇÃO

Sede bons e caridosos: essa a chave que tendes em vossas mãos. Toda a eterna felicidade se contém nesse preceito: "Amai-vos uns aos outros". KARDEC, Allan. *O evangelho segundo o espiritismo*, cap. 13, it. 12.

A Federação Espírita Brasileira (FEB), em 20 de abril de 1890, iniciou sua *Assistência aos Necessitados* após sugestão de Polidoro Olavo de S. Thiago ao então presidente Francisco Dias da Cruz. Durante oitenta e sete anos, esse atendimento representava o trabalho de auxílio espiritual e material às pessoas que o buscavam na Instituição. Em 1977, esse serviço passou a chamar-se Departamento de Assistência Social (DAS), cujas atividades assistenciais nunca se interromperam.

Desde então, a FEB, por seu DAS, desenvolve ações socioassistenciais de proteção básica às famílias em situação de vulnerabilidade e risco socioeconômico. Fortalece os vínculos familiares por meio de auxílio material e orientação moral-doutrinária com vistas à promoção social e crescimento espiritual de crianças, jovens, adultos e idosos.

Seu trabalho alcança centenas de famílias. Doa enxovais para recém-nascidos, oferece refeições, cestas de alimentos, cursos para jovens, serviços de convivência e fortalecimento de vínculos para idosos e organiza doações de itens que são recebidos na Instituição e repassados a quem necessitar.

Essas atividades são organizadas pelas equipes do DAS e apoiadas com recursos financeiros da Instituição, dos frequentadores da Casa e por meio de doações recebidas, num grande exemplo de união e solidariedade.

Seja sócio-contribuinte da FEB, adquira suas obras e estará colaborando com o seu Departamento de Assistência Social.

FEB editora
Livro espírita para um novo mundo
www.febeditora.com.br
@febeditoraoficial
@febeditora

Conselho Editorial:
Carlos Roberto Campetti
Cirne Ferreira de Araújo
Evandro Noleto Bezerra
Geraldo Campetti Sobrinho – Coord. Editorial
Jorge Godinho Barreto Nery – Presidente
Maria de Lourdes Pereira de Oliveira
Miriam Lúcia Herrera Masotti Dusi

Produção Editorial:
Elizabete de Jesus Moreira

Revisão:
Jorge Leite

Capa, Projeto Gráfico e Diagramação:
Rones José Silvano de Lima – instagram.com/bookebooks_designer

Normalização Técnica:
Biblioteca de Obras Raras e Documentos Patrimoniais do Livro

Esta edição foi impressa no sistema de Impressão pequenas tiragens, em formato fechado de 140x210 mm e com mancha de 100x165 mm. Os papéis utilizados foram o Off white 80 g/m² para o miolo e o Cartão 250 g/m² para a capa. O texto principal foi composto em fonte Zurich Lt BT 11/13,2 e os títulos em Zurich Lt BT e Zurich Cn BT 38/45,6. Impresso no Brasil. *Presita en Brazilo*.